웨스트민스터
소요리문답

어떻게 살 것인가?

정요한 지음

KB205689

엔크리스토
ENCHRISTO

삶을 바꾸는 소요리 성경공부 시리즈를 펴내면서…

"사람의 제일 되는 목적은 무엇입니까?"라는 질문으로 시작되는 웨스트민스터 소요리문답은 우리가 믿는 기독교 신앙을 단순하고 명쾌하게 설명하고 있습니다. 1643년부터 1652년까지 영국 런던의 웨스트민스터 대성당에 많은 성직자들과 신학자들이 모여서 우리의 신앙을 정의하기 위한 회의가 열렸습니다. 그 결과로 웨스트민스터 신앙고백서가 작성되었고 이를 효과적으로 교육하기 위하여 대·소요리문답이 연이어 작성되었습니다. 이중 소요리문답은 신앙고백서의 내용을 교회에 처음 출석하는 초신자들과 어린이들에게 쉽게 교육하기 위하여 1647년 쓰였습니다.

우리가 믿는 기독교는 말씀의 종교입니다. 하나님께서는 말씀으로 세상을 창조하셨고, 스스로를 말씀을 통해 사람들에게 계시하셨습니다. 우리가 하나님을 바르게 믿고 바르게 행하기 위해서는 말씀을 잘 읽고 연구해야 합니다. 이를 위해 교회는 문답의 형식을 사용해서 하나님의 말씀을 가르치는 전통을 지켜 왔습니다. 웨스트민스터 소요리문답은 그런 요리문답의 전통 안에서 개혁교회가 가지고 있는 신앙의 내용을 가장 잘 알려 주는 문답서입니다.

사실 요리문답은 논리적으로 사람의 이성에 호소하는 것이기 때문에 어느 정도 딱딱할 수 있습니다. 그러나 믿음의 내용을 바로 아는 것의 유익은 이루 말할 수 없이 큽니다. 바로 알아야 바로 믿을 수 있으며 바로 행할 수 있기 때문입니다. 소요리문답의 내용도 같은 형식으로 구성되어 있습니다. 먼저 하나님에 대해서, 구원에 대해서 알아야 할 내용들을 제시하고 있습니다. 또한 중반 이후로는 이 신앙의 내용을 알게 된 사람들이 어떻게 살아야 할지를 제시하기 위해서 십계명과 성례, 주기도문에 대해서 가르치고 있습니다. 따라서 소요리문답의 내용을 잘 공부한다면 우리가 하나님과 믿음에 대해 반드시 알아야 할 내용들을 배우게 되며, 또한 그리스도인으로서 어떻게 살아야 할지에 대해서도 배우게 됩니다.

이 교재는 웨스트민스터 소요리문답의 내용을 일 년, 48주 동안 배울 수 있도록 구성했습니다. 각 문항들의 내용을 논리적으로 배울 뿐만 아니라 더 나아가 배운 내용을 삶 속에서 실천하기 위한 과제들을 제시하고 있습니다. 일 년 간 이 내용들을 잘 배우고 실천 과제들을 잘 해결한다면 이 땅에서 살아가는 동안 그리스도인으로서 하나님과 동행하는 삶을 살 수 있는 힘을 얻게 될 것입니다.

이 교재를 통하여, 하나님과 믿음에 대해 바르게 배울 수 있기를 바랍니다. 그리고 이를 통해 앎과 삶이 일치하는 그리스도인으로 자라갈 수 있기를 기대하면서 이 책을 시작합시다.

2014년 7월
저자 정요한

이 책의 활용법

요리문답의 가장 훌륭한 활용법은 질문과 답변을 통째로 암기하는 것입니다. 성경말씀을 암송하듯이 요리문답의 내용을 암기한다면 믿음과 삶에 큰 진보가 있을 것입니다. 아울러 다음과 같은 방법으로 이 교재를 활용할 수 있도록 구성하였습니다.

문항
소요리문답은 107개의 질문과 답변으로 구성되 있습니다. 단원 공부를 시작하기 앞서 먼저 각 문항을 가능하다면 암송을 하거나, 최소한 어떤 내용인지 숙지하도록 합니다. 어떤 내용이며 주제가 무엇인지 살펴보고 공부를 시작합니다.

읽어 봅시다
각 문항과 직, 간접적으로 관계가 있는 성경구절들을 읽어 봅니다. 성경구절은 가능하면 사건 위주로, 이야기로 구성되어 있는 구절을 선택하였습니다. 문답의 내용들이 성경에 어떤 방식으로 등장하는지 살펴봅니다.

생각해 봅시다
앞서 숙지한 각 문항의 내용과 읽은 성경구절을 가지고 종합적으로 그 내용이 어떤 의미를 가지고 있는지, 특별히 나와 내 삶과 어떤 관계를 가지고 있는지 먼저 생각해 봅니다. 제시된 질문들 이외에도 스스로가 질문을 던지고 생각해 봅시다.

내용연구
문항의 내용을 중점적으로 공부하는 코너입니다. 소요리문답은 성경구절들을 취합, 편집해서 그 내용을 구성하고 있습니다. 우선은 각 문항에 대해서 설명을 하고, 각 문항을 구성하는 근거가 되는 성경구절들을 찾아서 읽어 보고, 그 내용을 우리의 말로 다시 구성해 보는 식으로 편집했습니다. 이 부분을 잘 공부하면 성경의 중점적인 내용들을 습득할 수 있을 것입니다.

정리해 봅시다

내용을 다 공부했으면 이제 그것을 우리 자신의 말과 표현으로 다시 확인해 봅니다. 빈칸을 채우면서 문항의 내용을 다시 정리합니다.

실천해 봅시다

기독교의 진리는 이성적으로 배우는 것만으로는 완전하지 않습니다. 진리를 배웠다면 반드시 우리의 행동과 생각에 변화가 일어나야 합니다. '실천해 봅시다'에서는 각 문항을 공부해서 성경의 진리를 알게 되었다면 그것을 근거로 우리의 생각과 행동이 어떻게 변해야 할지 구체적으로 실천할 내용을 제시합니다. 일주일 간 반드시 실천해 보고 이를 통해 우리의 삶을 변화시키는 하나님 말씀의 능력을 경험합시다.

추천사

웨스트민스터 소요리문답은 지난 수백 년 간 장로교회가 사용해 온 가장 중요한 교리문답 가운데 하나입니다. 이 책은 다소 딱딱하게 느껴질 만한 문답의 내용을 스스로 생각하며 공부할 수 있도록 도와줄 것입니다. 신앙의 기초를 다지고 싶거나 새롭게 우리의 믿음을 확인하고자 하는 그리스도인들, 특히 청소년들에게 많은 유익을 줄 것으로 확신합니다.

－김광열 교수, 총신대학교 신학과 조직신학

오늘날 기독 어린이, 청소년, 성인에 이르기까지 많은 성도들이 기독교의 기본 진리에 대한 이해가 부족한 것을 볼 수 있습니다. 매 주일마다 설교를 듣고, 주일학교에 다녀도, 성경의 기본적 진리에 대한 질문을 하면, 답을 못하는 경우가 많아 안타까움을 느끼곤 했습니다. 웨스트민스터 소요리문답을 자기주도적으로 학습할 수 있도록 발간된 이 교재가 기독교 진리의 기초를 쌓는 데 많은 도움이 되기를 바랍니다.

－김희자 교수, 총신대학교 기독교교육과

차례

삶을 바꾸는 소요리 성경공부 시리즈를 펴내면서 • 2
이 책의 활용법 • 4
추천사 • 6

25 사람에게 요구하시는 것 • 8

26 십계명의 핵심과 머리말 • 12

27 나 외에 다른 신을… • 16

28 우상에게 예배하지 말라 • 20

29 이름을 망령되게 부르지 말라 • 24

30 안식일을 거룩하게 • 28

31 부모를 공경하라 • 32

32 살인하지 말라 • 36

33 간음하지 말라 • 40

34 도둑질하지 말라 • 44

35 거짓 증거하지 말라 • 48

36 이웃의 소유를 탐내지 말라 • 52

사람에게 요구하시는 것

제39문 하나님께서 인간에게 요구하시는 것은 무엇입니까?

답 하나님께서 인간에게 요구하시는 것은 그분이 계시하신 뜻에 순종하는 것입니다.

제40문 인간이 순종하도록 하나님께서 처음으로 계시하신 규례는 무엇입니까?

답 그분이 처음으로 계시하신 규례는 도덕의 법칙입니다.

제41문 도덕의 법칙은 어디에 요약되어 있습니까?

답 도덕의 법칙은 십계명에 요약되어 있습니다.

읽어 봅시다
시편 119:105
시편 119편은 성경에서 가장 긴 장입니다. 전체 176절로 구성되어 있는데, 각 절마다 반드시 하나님의 말씀, 율법, 계명, 법도 등의 단어들을 포함하여 하나님의 말씀에 순종할 것을 결단하며 다른 사람들에게 촉구하고 있습니다. 하나님의 말씀에 순종하는 것이 부르심 받은 신자들에게는 인생에 있어서 가장 중요한 일입니다.

- 무언가 잘못된 일을 하려 할 때, 이렇게 해선 안되는데 하는 마음의 소리를 들어본 적이 있나요? 그런 양심은 어디서 온 것일까요?

하나님이 요구하시는 것, 순종

- 하나님은 창조주이십니다. 그분은 세상 모든 것과 우리를 지으셨으며 주권을 가지신 분이십니다. 그분은 왕이시며 또한 우리에게 은혜를 베푸시는 분이십니다. 피조물이 창조주에게 순종하는 것은 당연한 일입니다. 우리는 그분의 뜻에 순종해야 합니다.

1. 사무엘상 15:22, 23을 찾아서 읽고 외웁시다. 그리고 순종과 불순종에 어떤 차이가 있는지 생각해 봅시다.

2. 하나님께 순종하는 것은 어떤 것을 의미하는지 미가서 6:8을 읽고 이야기해 봅시다.

도덕의 법칙

- 하나님께서 자신의 형상대로 인간을 창조하셨기 때문에, 하나님의 성품인 의와 선하심이 인간에게도 있었습니다. 비록 선악과를 따먹고 타락해서 왜곡됐을지라도 하나님의 은혜로 그 성품의 흔적이 남아서 인간의 마음에는 도덕의 법칙이 남아 있습니다. 그것은 바로 양심입니다. 그리스도인이건 그렇지 않건, 세

상 모든 사람들의 마음에 남아 있는 양심, 도덕은 하나님이 주신 것으로 하나님 형상의 흔적입니다.

1. 창세기 2:16, 17을 읽고 순종해야 할 하나님의 최초의 명령은 무엇이었고 이를 바탕으로 도덕 법칙의 최고의 기준은 무엇인지 생각해 봅시다.

2. 로마서 2:14, 15을 읽고 양심의 법칙과 율법과의 관계에 대해서 이야기해 봅시다.

십계명

- 십계명은 우리에게 주신 하나님의 도덕의 법칙을 요약한 것입니다. 하나님께서는 우리 마음에 도덕의 법칙을 주셨을 뿐만 아니라 그것을 누구나 알아볼 수 있는 글로 정리해 주셨습니다. 하나님이 우리에게 요구하시는 모든 행동의 기준은 그 골자가 십계명에 들어 있습니다. 비록 이 땅에서 살면서 그 율법의 내용을 다 지키는 것은 불가능하며, 또 율법을 지킴으로써 구원을 받을 수 있는 것이 아닙니다. 그러나 하나님께서는 구원받은 자들에게 이 율법을 지킬 수 있도록 의지를 주시고 지킬 수 있는 힘을 은혜로 더하십니다.

1. 로마서에서 바울 사도는 율법과 복음의 관계를 잘 설명해 주고 있습니다. 다음 구절들을 통해서 어떤 것인지 살펴봅시다.

    (1) 2:13

(2) 3:9~18

(3) 3:20

(4) 3:27, 28, 5:1

(5) 6:15~23

2. 예수님을 믿는 우리들은 율법을 어떻게 해야 할까요? 마태복음 19:17~19을 읽
   고 답해 봅시다.

정리해 봅시다

모든 사람들에게는 반드시 (   )해야 하는 하나님이 주신 (   )
법칙이 있는데, 이는 (   )에 잘 요약되어 있습니다.

실천해 봅시다

시편 119편 전체를 읽고 가장 마음에 와 닿는 구절을 외워 옵시다.

십계명의 핵심과 머리말

제42문 십계명의 핵심은 무엇입니까?

답 십계명의 핵심은 우리의 모든 마음과 우리의 모든 목숨과 우리의 모든 힘과 우리의 모든 뜻을 다하여 주 우리 하나님을 사랑하며, 또한 우리가 우리 자신을 사랑하듯 모든 사람을 사랑하라는 것입니다.

제43문 십계명의 머리말이 무엇입니까?

답 이 말씀이 십계명의 머리말인데, 곧 나는 너희를 애굽 땅, 종 되었던 나라에서 건져 낸 주 너희의 하나님이다 하신 것입니다.

제44문 십계명의 머리말이 우리에게 가르치는 것은 무엇입니까?

답 십계명의 머리말은 우리에게, 하나님은 주님이시며 우리의 하나님이시고 구원자이시기 때문에 우리는 반드시 그분의 모든 명령을 지켜야 한다는 것을 가르칩니다.

읽어 봅시다

마태복음 22:34~40

사두개인과의 논쟁을 전해 들은 바리새인들이 찾아와서 이번에는 자신들이 가진 논쟁거리를 꺼내놓습니다. 그것은 가장 큰 계명에 관한 것이었습니다. 여기에 대해 예수님은 두 가지, 즉 하나님 사랑과 이웃 사랑이라는 명쾌한 답변을 주십니다. 계명, 율법의 대원칙은 하나님에 대한 사랑과 이웃에 대한 사랑입니다.

- 법이나 규칙, 또는 우리와 관련이 깊은 교칙은 무엇 때문에 있는 거라고 생각하나요?

십계명의 핵심

- 모든 법에는 그 법의 근간이 되는 기본 이념이 있습니다. 하나님이 주신 십계명에도 이런 기본 이념이 있는데 예수님께서는 그것을 크게 두 가지로 말씀하셨습니다. 첫 번째는 하나님에 대한 사랑이고 두 번째는 이웃에 대한 사랑입니다. 계명의 모든 내용은 이 두 가지의 이념에 맞게 해석하고 적용되어야 합니다.

1. 첫 번째 이념인 하나님 사랑을 가르치는 마가복음 12:30, 신명기 6:5을 읽고, 어떻게 하는 것이 하나님을 사랑하는 것인지 구체적인 방법을 서로 이야기해 봅시다.

2. 두 번째 이념인 이웃 사랑을 가르치는 마가복음 12:31, 레위기 19:18을 읽고, 이웃사랑의 구체적인 실행 방법을 서로 이야기해 봅시다.

십계명의 머리말

- 하나님이 주신 법, 십계명의 서론은 하나님과 그 백성의 관계에 대한 설명으로 시작합니다. 즉 하나님은 구원자이고 그 백성들은 그의 소유라는 것입니다. 천지를 지으시고 다스리시는 하나님께서 자신의 백성들을 특별히 선택하시고, 그들을 노예된 상태에서 건져 내셨기 때문에, 그분께 구원받은 그분의 백성들은

그분의 법을 지켜야 할 의무를 지니게 되었습니다. 이것은 이스라엘 민족에 관한 이야기일 뿐만 아니라, 죄와 죽음에서 벗어나 구원받은 모든 신자들을 위한 이야기이도 합니다. 구원받아서 하나님의 백성이 된 신자들은 그분의 법을 지켜야 합니다.

1. 출애굽기 20:1, 2을 읽고 십계명의 머리말에서 하나님이 우리에게 어떤 분이신지를 설명하는 세 가지를 다시 써 봅시다.

2. 시편 100:2, 3과 예레미야 10:7을 읽고 주되신 하나님의 법을 우리가 어떻게 지켜야 할지 생각해 봅시다.

3. 신명기 11:1을 읽고 우리의 하나님이신 그분을 사랑하는 것과 그분의 법을 지키는 것의 관계에 대해서 생각해 봅시다.

4. 고린도전서 6:19, 20과 누가복음 1:74, 75을 읽고 우리의 신분이 어떤 것인지 생각해 보고, 구속자이신 하나님의 법을 어떻게 지켜야 하는지 서로 이야기해 봅시다.

정리해 봅시다

신자들은 하나님의 명령을 지킬 의무가 있는데, 이는 그분이 우리의 (   )이시고, 우리의 (   )이시고, 우리의 (   )이시기 때문입니다.

실천해 봅시다

1. 출애굽기 20:1, 2을 외워 옵시다.

2. 출애굽기 20장 전체를 읽어 보고 열 가지 계명을 각각 한 문장씩으로 요약해 옵시다.

나 외에 다른 신을…

제45문 첫 번째 계명은 무엇입니까?

답 첫 번째 계명은 나 외에 다른 신들을 네게 있게 말라는 것입니다.

제46문 첫 번째 계명은 무엇을 요구합니까?

답 첫 번째 계명은 우리에게, 하나님은 유일하고 참된 신이시며 우리의 하나님이심을 알고 인정하며, 그분께 합당한 경배와 영광을 돌려야 함을 요구합니다.

제47문 첫 번째 계명이 금하는 것은 무엇입니까?

답 첫 번째 계명은 하나님을 부인하거나, 그분을 참된 신이요 우리의 하나님으로 경배하지 않고 영광을 돌리지 않는 것을 금합니다. 또한 오직 그분만이 받으실 경배와 영광을 다른 자나 다른 것에게 돌리는 것을 금합니다.

제48문 첫 번째 계명에서 특별히 '나 외에'라는 구절로 우리에게 가르치는 것은 무엇입니까?

답 첫 번째 계명의 '나 외에'라는 구절이 우리에게 가르치는 것은, 모든 것을 보시는 하나님께서 다른 신을 섬기는 죄를 주시하시며 매우 싫어하신다는 것입니다.

읽어 봅시다
출애굽기 20:1~3

생각해 봅시다

- 인간은 누구나 무언가를 섬기고자 하는 마음을 가지고 있다고 합니다. 가장 섬기고 싶은 대상은 누구, 또는 무엇입니까?

첫 번째 명령

- 십계명의 첫 번째 명령은 하나님만을 참 신으로 인정하며 섬기라는 것입니다. 오직 하나님 한 분만이 참된 신이시며 우리의 경배와 영광을 받으시기에 합당하신 분이십니다.

1. 신명기 26:17을 주의 깊게 읽고 하나님을 아는 것과 인정하는 것은 결국 어떤 것을 의미하는지 생각해 봅시다.

2. 신구약 성경은 모두 하나님 한 분만을 섬기는 것에 대해서 같은 설명을 하고 있습니다. 시편 29:2, 마태복음 4:10을 찾아서 읽어 보고 그것이 무엇인지 설명해 봅시다.

첫 번째 명령이 금하는 것

- '나 외에 다른 신을 네게 두지 말라'는 명령을 구체적으로 설명하면 다음과 같은 것들을 금지하는 명령입니다. 첫 번째는 하나님은 참 하나님이시며 우리의 하나님이심을 부인하는 것을 금합니다. 또한 그분을 경배하지 않거나 그분께 영광 돌리지 않는 것을 금하며 나아가서는 그분 외에 다른 것을 경배하거나 영광 돌리는 것을 금합니다. 그것을 정리하자면 (1)무신론, (2)신성모독, (3)우상숭배를 금하는 것입니다.

1. 시편 14:1을 읽고 하나님을 부인하는 것이 어떤 것인지 서로 이야기해 봅시다.

2. 신성모독 죄는 어떠한 경우에 짓게 되는지 다음 구절들을 찾아서 읽어 보고 이야기해 봅시다.

    (1) 예레미야 4:22

    (2) 시편 50:21

    (3) 예레미야 2:32

    (4) 요한일서 2:15

3. 우상숭배는 크게 두 가지로 나타납니다. 어떤 것이 우상숭배인지 다음 구절들을 통해서 알아봅시다.

    (1) 로마서 1:25

    (2) 골로새서 3:5

나 외에

- 특히 '나 외에'라는 구절은 우리를 주시하시는 하나님의 일하심이 잘 드러나 있습니다. '나 외에'는 영어로는 'before me', 즉 '내 앞에서'라는 말입니다. 우리는 모두 하나님의 앞에 서서 살아가는 사람들이고, 하나님은 그런 우리 모두를

주시하고 계십니다. 그분은 우리에게서 눈을 떼지 않으시고 환란 가운데 우리를 보호하시기도 하지만 다른 한편으로는 우리가 그분 외에 다른 신이나 사람, 사물을 섬기지 않는지 보고 계십니다.

1. 이사야 42:8은 하나님의 단호한 선언을 우리에게 전달해 주고 있습니다. 찾아서 읽고 외웁시다.

2. 에스겔 8:12을 찾아서 읽고 우리 삶의 자세는 어떠한지 점검하고 서로 이야기해 봅시다.

정리해 봅시다

첫 번째 계명은 오직 (　　　　)만을 섬기고, 그분만을 (　　　　) (　　　　), 그분께 돌려야 할 (　　　　)와 (　　　　)을 다른 것에게 돌리지 말 것을 (　　　　)하고 있습니다.

실천해 봅시다

1. 하나님 외에 우리가 섬기고 사랑하며 아끼는 것이 무엇인지 적어 보고 어떻게 하면 하나님을 그런 것들보다도 더 사랑할 수 있을지 생각해 봅시다.

2. 아무도 없는 곳에서 은밀하게 짓던 죄가 있다면 어떤 것인지 하나님께 고백하고, 하나님이 주시하고 계시다는 사실을 기억하며 그 죄를 끊읍시다.

우상에게 예배하지 말라

제49문 두 번째 계명은 무엇입니까?

답 두 번째 계명은 다음과 같습니다. 너는 너를 위해 위로 하늘이나 아래로 땅 위나 땅 아래 물속의 아무 것의 형상으로도 우상을 만들지 말라. 너는 그것들에게 엎드려 절하거나 그것들을 경배하지 말라. 나, 너의 주 하나님은 질투하는 하나님이니 나를 미워하는 아비의 죄로 말미암아 삼사대까지 그 자손을 징계할 것이나, 나를 사랑하고 나의 계명을 지키는 자에게는 천대까지 나의 사랑을 보이리라.

제50문 두 번째 계명은 무엇을 요구합니까?

답 두 번째 계명은 우리에게, 하나님이 말씀으로 제정하신 모든 신앙과 예배의 규례를 받아들이고 공손히 행하며 순전히 보전하기를 요구합니다.

제51문 두 번째 계명이 금하는 것은 무엇입니까?

답 두 번째 계명은 형상을 사용하거나 하나님의 말씀으로 제정하신 것 외의 다른 어떤 방법으로 하나님을 예배하는 것을 금합니다.

제52문 두 번째 계명에 덧붙여진 이유들은 무엇입니까?

답 두 번째 계명에 덧붙여진 이유들은 하나님이 전적으로 우리를 다스리며, 우리는 그분께 속했고, 그분은 올바르게 예배 받으시기를 원하신다는 것입니다.

읽어 봅시다
출애굽기 20:1, 2, 4~6

• 정해진 법과 규칙을 따르는 것이 때로는 답답하고 방해가 되는 것처럼 느껴질 때가 있습니다. 어떤 일을 규칙대로 하지 않았을 때 더 좋은 결과를 얻었던 적이 있습니까? 서로 이야기해 봅시다.

두 번째 명령

• 첫 번째 명령이 섬김의 대상, 즉 하나님만을 섬길 것을 명령하는 것이었다면, 두 번째 명령은 섬김의 방법에 대해서 가르치고 있습니다. 즉, 하나님을 섬기고 예배하되, 우리가 생각하고 고안하는 좋은 방법으로 하나님을 섬기는 것이 아니라 하나님이 원하시고 명령하신 방법대로 하나님을 섬겨야 한다는 것입니다. 이것은 매우 중요합니다. 우리는 우리의 뜻대로가 아닌, 하나님의 말씀대로 하나님을 섬겨야 합니다.

1. 다음 구절들을 통해서 성경이 하나님께 어떤 방법으로 예배 드리라고 가르치는지 알아봅시다.

   (1) 빌립보서 4:6, 예레미야 10:25

   (2) 요한복음 5:39, 사도행전 16:21

   (3) 이사야 55:3

   (4) 시편 149:1

   (5) 시편 77:12

2. 또한 다음 구절들을 통해서 하나님께서 어떤 예배를 기뻐하지 않으시는지 알아봅시다.

　(1) 신명기 4:15~18

　(2) 마태복음 15:9

3. 하나님께서는 그 명령을 지키지 않는 자에 대한 징계와 그 명령을 지키는 자에 대한 상에 대해서 어떻게 말씀하셨습니까?

두 번째 명령을 정하신 이유

• 하나님께서 하나님의 말씀대로만 하나님을 섬길 것을 명령하신 이유는 그분이 우리의 주님이시기 때문입니다. 소요리문답에서 거듭 가르치는 것은 하나님은 우리의 창조주시며 주인이시고 우리는 그분의 피조물이며 그분의 소유라는 것입니다. 하나님은 우리에게 자신의 명령에 따를 것을 요구할 당연한 권리를 가지고 계시며 우리는 그분의 뜻을 따라야 할 의무를 지니고 있습니다. 다시 기억합시다. 하나님은 창조주이시며 주인이시고 우리는 그분의 피조물이며 그분의 소유입니다.

1. 다음 구절들을 통해 하나님이 예배에 대한 규례를 정하신 이유를 알아봅시다.

　(1) 시편 95:2~3, 6~7

　(2) 출애굽기 19:5

(3) 출애굽기 34:14

2. 하나님이 우리의 주권자이시고 창조주이시라는 사실을 삶 가운데 어떻게 받아들이며, 또한 삶 가운데 어떻게 나타내고 있는지 서로 이야기해 봅시다.

정리해 봅시다

두 번째 계명은 하나님의 (   )대로만 하나님께 (   )할 것을 가르치고 있습니다. (   )을 만들어 섬기든지, 하나님의 (   )에서 어긋난 방법으로 하나님을 섬기는 것은 참된 (   )가 아닙니다.

실천해 봅시다

1. 우리가 예배 드리는 태도는 성경에서 가르치는 바른 예배의 태도인지 점검하고 어떤 점을 어떻게 고쳐야 할지 구체적으로 이야기해 봅시다.

2. 하나님이 우리의 주인이심을 삶을 통해 드러내기 위해서 구체적으로 어떤 것들을 해야 할지 서로 의논하고 실천해 봅시다.

이름을 망령되게 부르지 말라

제53문 세 번째 계명은 무엇입니까?

답 세 번째 계명은 '너는 네 하나님 여호와의 이름을 망령되게 부르지 말라. 여호와는 그의 이름을 망령되게 부르는 자를 죄 없다 하지 아니하리라' 하신 것입니다.

제54문 세 번째 계명은 무엇을 요구합니까?

답 세 번째 계명은 하나님의 이름과 호칭과 속성과 의식들과 말씀과 일들을 거룩하고 공손하게 사용할 것을 요구하십니다.

제55문 세 번째 계명이 금하는 것은 무엇입니까?

답 세 번째 계명은 하나님이 자신을 알리시는 데 사용하신 어떤 것도 속되게 하거나 잘못 사용하는 것을 금합니다.

제56문 세 번째 계명에 덧붙여진 이유는 무엇입니까?

답 세 번째 계명에 덧붙여진 이유는 이 계명을 범한 자들이 사람의 징벌은 피할 수 있어도, 주 우리 하나님은 그들이 하나님의 정의로운 심판을 피하는 것을 용납하지 않으신다는 것입니다.

읽어 봅시다
출애굽기 20:1, 2, 7

생각해 봅시다

- 하나님께 바른 예배를 드리기 위해 어떤 태도를 취해야 할까요? 나는 바른 예배를 드리고 있습니까?

세 번째 명령

- 첫 번째 명령이 섬김의 대상, 즉 하나님만을 섬길 것을 명령하는 것이고 두 번째 명령은 섬김의 방법에 대해서 가르치고 있다면, 세 번째 명령은 섬김의 태도에 대한 가르침입니다. 하나님을 하나님이 정하신 것 외의 다른 방법으로 예배하는 것은 옳지 않습니다. 그러나 아무리 올바른 방법으로 예배한다 해도 진실하고 거룩하고 경건한 마음 없이 예배하는 것도 옳지 않습니다. 하나님은 전심으로 하나님을 예배하는 자들을 찾으십니다.

1. '나의 이름'이라는 표현은 단순히 하나님의 이름만을 의미하는 것이 아니라 하나님이 인간에게 자신을 나타내신 방법들을 의미하고 있습니다. 하나님은 어떤 방법으로 자신을 나타내셨는지 다음의 구절들을 통해서 알아봅시다.
   (1) 신명기 10:20, 시편 29:2
   (2) 역대상 29:10~13
   (3) 전도서 5:1
   (4) 욥기 36:24

2. 하나님은 자신을 나타내신 이런 방법들을 사용해서 그분께 영광 돌리기를 원하십니다. 그렇다면 이들을 어떻게 사용해야 할지 시편 96:8과 욥기 36:24을 읽고 서로 이야기해 봅시다.

- 우리는 하나님의 이름을 헛되이 부르며 때로는 조롱하는 시대에 살고 있습니다. 사람들은 하나님이 없다 하며 하나님을 믿는 자들을 조롱합니다. 그뿐 아니라 믿는 성도들 또한 하나님의 이름과 그분의 하신 일에 대해서 함부로 이야기합니다. 말로 하나님의 이름을 헛되이 부르는 것만 세 번째 계명을 어기는 것이 아니라, 가장 먼저는 바른 자세로 예배하지 않는 것 자체가 세 번째 계명을 어기는 것입니다. 겸손하며 거룩하고 경외심을 가지고 성실하게 예배를 드려야 하고, 그렇게 예배하는 태도로 하루하루를 사는 것이 세 번째 계명을 바로 지키는 것입니다.

1. 하나님의 이름을 헛되이 부르는 것이 어떤 것인지 다음 구절들을 통해서 살펴봅시다.
   (1) 말라기 1:6

   (2) 시편 139:20

   (3) 마태복음 5:34, 37

2. 하나님의 이름뿐만이 아니라 하나님이 정하신 예배 의식들도 헛되이 사용되는 경우가 있습니다. 어떤 때 그러한지 다음 구절들을 찾아 이야기해 봅시다.
   (1) 전도서 5:1

   (2) 요한복음 4:24(반례)

   (3) 디모데후서 3:5

3. 하나님의 말씀은 어떤 경우에 헛되이 사용됩니까?

(1) 예레미야 23:33, 36

(2) 베드로후서 3:16, 디모데전서 6:3~5

4. 그 밖에 삶의 어떤 태도가 하나님의 이름을 헛되이 부르는 것인지 이야기해 봅시다.

(1) 로마서 13:13, 14

(2) 호세아 13:6

(3) 고린도전서 10:10

정리해 봅시다

세 번째 계명은 하나님께 (   )할 때, 하나님의 (   )과 (   )과 하나님이 정하신 (   )과 (   )과 하나님이 행하신 (   )에 대해서 바로 알고 (   )하고 (   )하게 사용해서 예배할 것을 가르치고 있습니다.

실천해 봅시다

1. 우리의 예배는 하나님의 이름을 바로 알고 거룩하고 경건하게 찬양하는 예배입니까? 그렇게 하기 위해서 내가 고쳐야 할 점은 무엇입니까?

2. 주일에 드리는 예배뿐만 아니라 우리의 일상생활을 하나님께 드리는 예배로 만들기 위해서 어떤 태도를 취해야 합니까? 구체적으로 실천할 것이 무엇이 있습니까?

안식일을 거룩하게

제57문 네 번째 계명은 무엇입니까?

답 네 번째 계명은 '안식일을 기억하여 거룩하게 지키라. 엿새 동안은 힘써 네 모든 일을 행할 것이나 일곱째 날은 네 하나님 여호와의 안식일인즉 너나 네 아들이나 네 딸이나 네 남종이나 네 여종이나 네 가축이나 네 문 안에 머무는 객이라도 아무 일도 하지 말라. 이는 엿새 동안에 나 여호와가 하늘과 땅과 바다와 그 가운데 모든 것을 만들고 일곱째 날에 쉬었음이라 그러므로 나 여호와가 안식일을 복되게 하여 그날을 거룩하게 하였느니라' 하신 것입니다.

제58문 네 번째 계명은 무엇을 요구합니까?

답 네 번째 계명은 하나님께서 자신의 말씀으로 정하신 시간, 특별히 일주일 중 온전한 하루를 거룩한 안식일로 지킬 것을 요구하십니다.

제59문 하나님께서는 일주일 중 어느 날을 안식일로 정하셨습니까?

답 세상이 시작되던 날부터 그리스도께서 부활하신 날까지 하나님은 일주일의 마지막 날을 안식일로 정하셨습니다. 그 후로부터 세상의 마지막 날까지는 일주일의 첫 번째 날이 그리스도인의 안식일입니다.

제60문 우리는 안식일을 어떻게 거룩하게 지킵니까?

답 우리는 세상의 일과 오락과 심지어는 다른 날에는 합법적인 일까지도 쉼으로써 안식일을 거룩하게 지킵니다. 불가피한 일이거나 자비를 베푸는 행위를 제외하고는 우리의 모든 공적이거나 사적인 시간을 하나님을 예배하는 데 사용해야만 합니다.

제61문 네 번째 계명이 금하는 것은 무엇입니까?

답 네 번째 계명은 우리가 해야 할 일을 하지 않거나 부주의하게 행하는 것을 금합니다. 이는 또한 게으르거나 죄악된 어떤 일을 하거나 불필요한 생각과 말과 세상의 일과 오락을 통해서 안식일을 더럽히는 것을 금합니다.

제62문 네 번째 계명이 필요한 이유는 무엇입니까?

답 네 번째 계명이 필요한 이유는, 하나님은 우리에게 일주일 중 6일을 우리의 일을 돌보도록 허락하셨기 때문입니다. 그리고 일곱 번째 날은 하나님의 소유로 요구하십니다. 그분은 친히 모범을 보여주셨으며 안식일에 복을 주셨습니다.

읽어 봅시다
출애굽기 20:1, 2, 8~11

생각해 봅시다

- 일주일의 시간 중에 우리 자신에게 집중하는 시간과 하나님에게 집중하는 시간의 비율은 어떻습니까? 자신의 상태를 점검해 보고 서로 이야기해 봅시다.

네 번째 명령

- 첫 계명부터 네 번째 계명까지의 공통점은 이 계명들이 예배와 관계된다는 것이었습니다. 첫 번째 계명이 예배의 대상, 두 번째 계명이 예배의 방법, 세 번째 계명이 예배의 태도에 대한 가르침이었다면 오늘 배우는 네 번째 계명은 예배의 때와 관계된 것입니다. 안식일을 지정하신 이유는 일주일의 모든 날, 모든 시간이 다 하나님의 것이지만 그중에서 특별히 하루를 떼어서 온전히 하나님을 섬기는 데 사용하라고 정하셨습니다.

1. 안식일을 거룩히 지킬 것을 명하는 다음의 성경구절들을 찾아서 돌아가며 읽어 봅시다.

(1) 출애굽기 20:8~11

(2) 신명기 5:12~15

(3) 출애굽기 31:13

(4) 이사야 56:4~7

2. 구약시대의 이스라엘 백성들은 일주일의 마지막 날인 토요일을 안식일로 지켰으나 지금 우리는 일주일의 첫날인 일요일을 주일로 지키고 있습니다. 다음 구절들을 통해서 그 성경적인 근거를 알아봅시다.

(1) 마가복음 2:27~28

(2) 누가복음 24:1~3, 6

(3) 요한복음 20:19, 26

(4) 사도행전 20:7

3. 요한계시록 1:10을 읽고 우리가 하나님께 드려야 하는 일주일의 첫째날인 일요일을 어떻게 불러야 마땅할지 생각해 봅시다.

네 번째 계명을 지키는 방법

• 하나님께서는 6일 동안 세상을 창조하는 일을 하신 후 7일째에 쉬셨습니다. 하나님의 안식은 우리에게 하나님의 날인 주일을 어떻게 보내야 하는지를 보여주십니다. 즉, 세상의 일과 재미있는 것들을 멈추고 하나님 안에서 쉬라는 것입니다. 주일에 공부하고, 일하고, 오락을 위해서 무언가를 하는 것은 사실 잘못된 일입니다. 이날은 온전히 하나님께 바치며 육체와 영혼의 쉼을 누려야 하는 날입니다.

1. 다음 구절들을 통해서 안식일에 하지 말아야 할 것이 무엇인지 이야기해 봅시다.

(1) 느헤미야 13:15~18

(2) 이사야 58:13, 14

(3) 출애굽기 20:10

2. 그렇다면 안식일에 행해야 할 일은 무엇입니까?
   (1) 시편 91:1~3
   (2) 이사야 66:23

3. 위의 행해야 할 일 말고 또한 안식일에 행해도 된다고 허용된 일들은 무엇입니까?
   (1) 마태복음 12:1~5
   (2) 마태복음 12:10~13, 누가복음 13:14~16

4. 출애굽기 20:9, 11, 31:17, 레위기 23:3, 창세기 2:2을 찾아서 읽고 일주일의 나머지 6일은 어떻게 해야 하는지 서로 이야기해 봅시다.

정리해 봅시다

네 번째 계명은 일주일의 첫번째 날인 일요일을 (   )이라 부르며 이날에 모든 (   )과 (   )을 쉬고 하나님께 (   )하고 (   )를 베푸는 데 사용하라는 것입니다.

실천해 봅시다

1. 하나님의 날인 주일을 거룩히 지키고 있습니까? 주일을 거룩히 지키기 위해 내가 실천해야 할 일은 무엇입니까?

2. 믿음으로 주일에 가는 학원을 끊을 수 있습니까? 하나님의 나라와 의를 먼저 구하는 자에게 필요한 모든 것을 주실 것이라는 믿음을 가집시다.

부모를 공경하라

제63문 다섯 번째 계명은 무엇입니까?

답 다섯 번째 계명은 '네 부모를 공경하라 그리하면 네 하나님 여호와가 네게
준 땅에서 네 생명이 길리라' 하신 것입니다.

제64문 다섯 번째 계명은 무엇을 요구합니까?

답 다섯 번째 계명은 우리의 윗사람, 아랫사람, 동료들에 대하여 각자의 지위
나 관계에 따라 존경하고 의무를 다할 것을 요구하십니다.

제65문 다섯 번째 계명이 금하는 것은 무엇입니까?

답 다섯 번째 계명은 다른 사람을 존경하지 않거나 그들의 위치나 관계에 따
라 대하지 않는 것을 금합니다.

제66문 다섯 번째 계명이 필요한 이유는 무엇입니까?

답 다섯 번째 계명을 지킴으로써 그것이 하나님의 영광과 그들의 유익을 위
해 봉사하는 경우, 장수와 번영이 약속되었기 때문입니다.

읽어 봅시다
출애굽기 20:1, 2, 12

- 다른 사람을 대할 때 나의 태도는 어떻습니까? 상대방에 따라서 다른 태도를 취하고 있습니까? 아니면 상대방이 누군가에 상관없이 존중하고 존경하는 태도를 취합니까?

다섯 번째 명령

- 십계명의 처음 네 계명이 하나님과의 관계, 특히 예배에 관련되어 있음을 배웠습니다. 이제 다섯 번째 계명부터는 사람 사이에서 지켜야 할 것을 가르치고 있습니다. 그 첫 번째는 관계에 관한 것입니다. "네 부모를 공경하라"는 명령은 단순히 부모님에 대한 공경만을 의미하는 것이 아니라 다른 사람을 대함에 있어서 그리스도인들이 어떤 태도를 취해야 하는지를 알려 주고 있습니다. 그것은 '공경하라'라는 것입니다. 우리와 관계를 맺는 사람이 누구인지와 상관없이 우리는 그들을 '공경해야' 할 의무가 있습니다. 그것은 존중하고 존경하며 경히 여기지 말아야 한다는 의미입니다.

1. 성경은 곳곳에서 '부모님을 공경하라'고 가르치고 있습니다. 다음 구절들을 찾아서 읽어 보고 우리가 부모님께 어떠한 태도를 취해야 할지 서로 이야기해 봅시다.
   - 레위기 19:3, 잠언 4:1, 에베소서 6:1

2. 성경에서는 또한 부모들에게 자녀들을 어떻게 가르치고 보살펴야 하는지 가르치고 있습니다. 다음 구절들을 찾아서 읽어 보고 앞으로 우리가 자녀를 낳게 되면 어떻게 키워야 할지 서로 이야기해 봅시다.
   - 에베소서 6:4, 욥기 1:5, 고린도후서 12:14

3. 남편과 아내 사이의 관계에 있어서도 성경의 가르침에 귀를 기울여야 합니다.

다음 구절들을 읽어 보고 장래에 결혼하게 되면 남편이나 아내에게 어떤 태도를 취할 것인지 생각해 봅시다.

- 에베소서 5:33, 창세기 2:23

4. 성경에서는 또한 종과 상전에게 서로 어떻게 대해야 할지 가르칩니다. 지금은 신분사회가 아니므로 종과 상전이 있을 수 없지만 사회적으로 자신보다 윗사람들, 선생님, 직장 상사, 나이 많은 어르신들에게 취할 태도라고 할 수 있습니다. 다음 구절들을 찾아서 읽어 보고 그런 사람들에게 어떤 태도를 취할지 이야기해 봅시다. 또 반대로 우리보다 아랫사람이라 생각되는 사람들에게는 어떤 태도를 취해야 할지도 생각해 봅시다.

- 디모데전서 6:1, 에베소서 6:5~7, 에베소서 6:9, 신명기 24:14, 15

5. 마지막으로 우리와 동등한 위치에 있는 사람들, 친구, 장래의 직장 동료, 함께 공부하거나 일하는 사람들에 대해서는 어떠한 태도를 취해야 할지 다음 구절들을 통해 알아보고, 지금 내가 그런 태도로 친구들을 대하는지 생각해 봅시다.

- 로마서 12:9, 10, 베드로전서 2:17, 로마서 12:15, 고린도전서 10:24

다섯 번째 계명을 주신 이유

- 부모를 공경하라는 말씀으로 표현된 사람들 사이의 관계에 대한 가르침은 다른 모든 가르침들과 마찬가지로 그것을 지키는 자들의 유익을 위하여 하나님께서 주신 약속입니다. 하나님은 자신의 계명을 지키는 자들에게 복 주시는 분이십니다. 특히 부모를 공경하고 겸손하게 타인을 존중하는 자들에게는 이 땅에서의 복을 주시겠다고 약속하셨습니다. 그것은 장수와 번영입니다. 그 장수와 번영이 하나님의 영광을 드러내고 우리에게 선을 이루는 것이라면 하나님은 타인을 존중하는 자들에게 그러한 복을 주실 것입니다.

1. 부모를 공경하는 자들에게 장수를 약속하신 말씀은 십계명에만 등장하는 것이 아닙니다. 다음 구절들을 찾아서 읽고 써 봅시다.

    (1) 출애굽기 20:12

    (2) 신명기 5:16

    (3) 에베소서 6:2, 3

2. 특히 에베소서 6:2, 3은 '장수한다'는 의미에 대해서 더 폭넓게 가르치고 있습니다. 단순히 오래 사는 것일 뿐만 아니라 그 삶이 기쁜 것임을 알려 줍니다. 이런 삶을 위해 지금 내가 고쳐야 할 잘못된 태도는 무엇이 있을까요? 생각해서 한 가지씩 서로 이야기해 봅시다.

정리해 봅시다

다섯 번째 계명은 사람 사이의 (   )에 대해서 가르치고 있습니다. 그 요체는 서로 (   )하라는 것입니다. 그리고 타인을 (   )하는 사람에게는 (   )와 (   )이 약속되어 있습니다.

실천해 봅시다

1. 타인을 대하는 나의 태도 가운데 잘못된 것은 무엇입니까? 한 가지를 정해서 일주일 간 그 태도를 버리도록 노력합시다.

2. 나 때문에 상처받은 사람이 있다면 사과하고 관계를 회복하도록 합시다.

살인하지 말라

제67문 여섯 번째 계명은 무엇입니까?

답 다섯 번째 계명은 '살인하지 말라'고 하신 것입니다.

제68문 여섯 번째 계명은 무엇을 요구합니까?

답 여섯 번째 계명은 자신과 다른 사람들의 생명을 보존하기 위해서 합법적인
   모든 노력을 기울일 것을 요구합니다.

제69문 여섯 번째 계명이 금하는 것은 무엇입니까?

답 여섯 번째 계명은 자신이나 다른 사람의 생명을 부적절하게 취급하거나 자
   살이나 살해로 이끄는 행위를 하는 것을 금합니다.

읽어 봅시다
출애굽기 20:1, 2, 13

• 자살에 대해서 생각해 본 적이 있습니까? 다른 누군가가 죽이고 싶도록 미웠던 적은 있습니까? 그런 생각이 들 때 우리는 어떻게 해야 할까요?

여섯 번째 명령

• 사람 사이에 지켜야 할 두 번째 계명은 살인하지 말라는 것입니다. 이 계명의 의미는 단순히 실제로 사람을 찔러 죽이거나 하지 말라는 것만이 아닙니다. 그 안에는 우리와 다른 사람의 생명뿐 아니라 육체와 영혼의 건강을 지키기 위해서 해야 할 일들을 가르치고 있습니다. 그런데 그것은 '합법적'인, 즉 정당한 노력을 통해서 지켜져야 합니다.

1. 살인에 관한 계명을 배울 때에 먼저 알아야 할 것은 살인이 무엇인가 하는 것입니다. 예수님은 그것에 대해 우리에게 잘 가르쳐 주고 계십니다. 마태복음 5:21, 22을 읽어 보고 살인이 무엇인가 서로 이야기해 봅시다.

2. 열왕기상 18:4을 읽어 보고 오바댜의 행동을 통해 살인하지 말라는 계명을 어떻게 받아들여야 할지 생각해 봅시다.

3. 시편 82:3, 4, 욥기 29:12, 13을 읽어 보고 살인하지 말라는 계명을 우리 주위에 어떻게 적용하고 실천해야 하는지 생각해 봅시다.

4. 살인하지 말라는 명령은 또한 우리 자신의 몸과 영혼에 대한 명령이기도 합니다. 에베소서 5:29을 읽어 보고 우리 스스로를 어떻게 대해야 할지 이야기해 봅시다.

여섯 번째 계명이 금하는 것

- 웨스트민스터 대요리문답 136문에서는 살인하지 말라는 계명이 금지하는 것에 대해서 다음과 같이 설명하고 있습니다.

"여섯 번째 계명에서 금지하는 죄는 공적인 재판이나 합법적인 전쟁, 혹은 정당방위 외에 우리 자신이나 다른 사람들의 생명을 빼앗는 모든 행동입니다. 합법적이며 필요한 생명 보존의 방편을 소홀히 하거나 철회하는 것, 죄악된 분노, 증오심, 질투, 복수하려는 욕망을 가지는 것, 모든 과도한 격분, 산란하게 하는 염려와 육류와 술, 노동 및 오락을 무절제하게 사용함과 격동시키는 말과 압박, 다툼, 구타, 상해, 다른 무엇이든지 사람의 생명을 파멸하기 쉬운 것들을 금하고 있습니다."

이 문항은 여섯 번째 계명이 금하는 일들을 폭넓게 보여주고 있습니다. 단순히 사람을 죽이는 것이 아니라 우리 자신과 다른 사람의 생명과 영혼을 소홀히 여기는 모든 행위를 하지 않도록 조심해야 합니다.

1. 마태복음 5:22을 읽어 보고 살인을 피하기 위해 우리가 하지 말아야 할 일이 무엇인지 생각해 봅시다.

2. 요한일서 3:15에서는 형제를 미워하는 자는 결국 어떤 사람이라고 가르치고 있습니까?

3. 사도행전 16:28, 잠언 24:11, 12에서 가르치는 바를 아래에 적고 서로 이야기해 봅시다.

정리해 봅시다

여섯 번째 계명은 (   )는 것입니다. 이는 단순히 사람의 육체를 죽이지 말라는 명령일 뿐만 아니라 (   )한 사람, (   )받는 사람들을 그 고통 가운데서 해방시켜야 한다는 명령입니다.

실천해 봅시다

1. 옆에 있는 형제를 사랑하기 위해 구체적으로 실천할 것이 무엇입니까?

2. 자기 몸을 사랑하기 위해 고쳐야 할 습관 세 가지를 다음 주까지 생각해 옵시다.

간음하지 말라

제70문 일곱 번째 계명은 무엇입니까?

답 일곱 번째 계명은 '간음하지 말라'고 하신 것입니다.

제71문 일곱 번째 계명은 무엇을 요구합니까?

답 일곱 번째 계명은 우리와 그 외 모든 사람들이 마음과 말과 행위에서 성적인 순결을 지킬 것을 요구합니다.

제72문 일곱 번째 계명이 금하는 것은 무엇입니까?

답 일곱 번째 계명은 성적으로 불순한 생각이나 말이나 행위를 하는 것을 금합니다.

읽어 봅시다
출애굽기 20:1, 2, 14

- 친구들과 대화할 때, 가장 많이 등장하는 대화 주제는 무엇이며 습관적으로 가장 많이 사용하는 단어는 무엇입니까? 그것들 가운데 사용하지 말아야 할 것은 무엇인지 이야기해 봅시다.

일곱 번째 명령

- 사람 사이에서 지켜야 할 세 번째 계명은 간음하지 말라는 것입니다. 계명의 내용을 배우고 지킴에 있어 우리가 주의해야 할 한 가지는, 하나님은 결코 우리의 행위만을 가지고 우리를 판단하시지 않으신다는 것입니다. 성경의 가르침을 보면 하나님은 언제나 우리의 마음과 생각을 감찰하십니다. '간음하지 말라'는 계명도 마찬가지의 관점을 우리에게 보여줍니다. 간음하지 말라는 일곱 번째 계명은 우리의 육체와 행동의 순결을 지킬 것을 요구할 뿐만 아니라 우리의 생각과 마음의 순결 또한 지켜야 함을 가르치고 있습니다.

1. 마태복음 5:28과 데살로니가전서 4:3을 주의 깊게 읽고 하나님이 원하시는 진정한 순결이 무엇인지 서로 이야기해 봅시다.

2. 마음을 순결하게 지킬 뿐만 아니라 또한 순결하게 지켜야 할 것이 무엇인지 다음 구절들을 통해 확인해 봅시다.
   (1) 에베소서 4:29, 골로새서 4:6

   (2) 베드로전서 3:2

3. 우리의 순결을 지키기 위해서 따라야 할 성경의 가르침을 다음 구절들을 통해서 알아봅시다.
   (1) 말라기 2:16

(2) 잠언 23:31~33

(3) 고린도전서 9:27

(4) 잠언 5:20, 21

(5) 갈라디아서 5:24

(6) 로마서 8:13

(7) 시편 41:1, 2, 7

일곱 번째 계명이 금하는 것

• 간음하지 말라는 일곱 번째 계명은 우리의 순결을 요구하는 계명입니다. 그리고 순결을 지키기 위해서는 하지 말아야 하는 일들이 있습니다. 그것은 순결하지 못한 모든 생각과 말과 행동입니다. 에베소서 5:3에서는 심지어 음행과 더러운 것, 탐욕은 이름조차 부르지 말라고 말씀하십니다. 그렇게 해야 하는 이유는 우리가 성도, 하나님의 거룩한 백성들이기 때문입니다.

1. 다음 구절들을 잘 읽어 보고 음란과 간음을 금해야 하는 이유를 생각해 봅시다.

(1) 사무엘하 11:4, 27

(2) 고린도전서 6:18, 잠언 5:8, 11

(3) 호세아 4:11

(4) 잠언 7:26

2. 그렇다면 우리의 생각과 육체를 순결하게 지키기 위해서 피해야 할 것은 무엇일까요? 다음의 구절들을 잘 읽어 봅시다.

(1) 욥기 31:1

(2) 잠언 5:8

(3) 창세기 19:33

(4) 잠언 7:10, 13

정리해 봅시다

일곱 번째 계명은 (　　　　　) 하지 말라는 명령으로, 우리의 (　　　　　)과 (　　　　　)과 (　　　　　)을 순결하게 지키라는 것입니다.

실천해 봅시다

1. 생각과 말과 행동을 순결하게 지키고 있습니까? 만약 그렇지 않다면 어떤 것이 가장 순결하지 않은지 생각하고 그것을 순결하게 지키기 위해서 실천해야 할 것들을 구체적으로 적어 봅시다.

2. 이성친구에 대한 관심, 아이돌에 대한 관심이 내 삶의 순결함에 어떤 영향을 주는지 생각해 보고 절제하도록 합시다.

도둑질하지 말라

제73문 여덟 번째 계명은 무엇입니까?

답 여덟 번째 계명은 '도둑질하지 말지니라'라고 하신 것입니다.

제74문 여덟 번째 계명은 무엇을 요구합니까?

답 여덟 번째 계명은 자기 자신이나 다른 사람의 부와 재산을 얻고 또 그것을 늘림에 있어 합법적으로 하라는 것입니다.

제75문 여덟 번째 계명이 금하는 것은 무엇입니까?

답 여덟 번째 계명은 자기 자신이나 이웃의 부와 재산에 부당하게 손해를 끼치거나 방해하는 것을 금합니다.

읽어 봅시다
출애굽기 20:1, 2, 15

- 돈과 재산에 얼마나 가치를 두고 소중히 여기는지 서로 이야기해 봅시다.

여덟 번째 명령

- 여덟 번째 계명을 통해서는 부와 재산을 어떻게 모으고 늘려 가야 할지에 대해서 가르쳐 주시고 있습니다. 그 방법은 합법적이어야 한다는 것입니다. 오늘 가르침의 중점은 부와 재산을 '늘려야' 한다는 데 있지 않고 그것이 '합법적'이어야 한다는 데에 있습니다. 이 땅에 살면서 우리의 모든 경제적인 활동은 합법적이어야 합니다. 이는 직업과 물질에 대한 청지기적 자세를 요구합니다. 우리가 가진 직업은 하나님이 주신 소명으로서 합법적인 일을 합법적으로 해야 하며, 이를 통해 얻은 재산은 하나님의 방법으로 합법적으로 사용해야 합니다.

1. 성경은 우리의 재산을 획득함에 있어서 어떻게 해야 하는지 가르치고 있습니다. 다음 구절들을 통해서 그 방법을 알아봅시다.

   (1) 고린도전서 7:20, 24

   (2) 잠언 31:16 + 로마서 2:17

   (3) 잠언 21:20

   (4) 잠언 10:4

   (5) 잠언 10:22

   (6) 잠언 11:24, 25

2. 재산과 부에 있어서 다른 사람과의 관계를 어떻게 맺어야 할지를 가르치는 다음 구절들을 찾아서 읽어 보고 요약해서 정리해 봅시다.

   (1) 시편 15:2

   (2) 고린도전서 4:2

(3) 레위기 25:14

(4) 잠언 3:27, 28

(5) 레위기 6:4, 5

3. 성경은 또한 재산과 부를 얻고 사용함에 있어서 하지 말아야 할 것들에 대해서 가르치고 있습니다. 다음 구절들을 통해서 우리가 피해야 할 것들을 생각해 봅시다.

(1) 잠언 23:21

(2) 잠언 22:26, 27

(3) 잠언 24:30~34

(4) 히브리서 13:5

(5) 전도서 6:1, 2

(6) 출애굽기 23:8

다른 사람의 부와 재산에 관하여

• 여덟 번째 계명은 또한 우리의 재산과 부를 모으고 늘리는 데에만 관심이 있지 않고 다른 사람에게도 그러합니다. 이는 궁극적으로 가난한 사람들을 어떻게 돌봐야 할지, 사회정의와 경제적 정의에 대해서 우리가 어떤 태도를 취해야 할지를 가르치는 말씀입니다. 우리는 우리의 재산을 모으고 늘리는 데에만 관심이 있어서는 안되고 이웃을 돌아봐야 합니다.

1. 성경은 구약과 신약의 구분 없이 우리 주위에 있는 가난한 사람들에 대한 한 가지 법을 보여줍니다. 레위기 25:35, 신명기 15:7, 갈라디아서 6:10, 마태복음 5:42, 야고보서 2:15, 16을 읽어 보고 그 법이 무엇인지, 그 법을 지키기 위해서 무엇을 해야 할지 서로 이야기해 봅시다.

2. 다른 사람의 합법적인 경제활동을 돕기 위해 우리가 하지 말아야 할 것은 무엇
   인지 다음 구절들을 통해서 확인합시다.

   (1) 레위기 5:14

   (2) 신명기 25:13~15

   (3) 잠언 1:14~16

   (4) 마태복음 18:28~39

   (5) 출애굽기 22:25~27

   (6) 출애굽기 19:13

정리해 봅시다

여덟 번째 계명은 우리와 타인의 재산을 모으고 늘림에 있어 (   )적으
로 하라는 명령입니다. 그것은 궁극적으로 (   )정의와 (   )정
의에 관심을 가지고 실천하라는 것입니다.

실천해 봅시다

1. 내 재산을 모으기 위해서 고쳐야 할 버릇은 무엇이 있습니까? 한두 가지를 생
   각해서 일주일 간 고치도록 노력해 봅시다.

2. 가난한 이웃을 돕기 위해 지금 바로 실천할 것은 무엇이 있을까요? 그들을 돕기
   위해 평생 동안 할 만한 일 한 가지를 결정하고 실천해 봅시다.

거짓 증거하지 말라

제76문 아홉 번째 계명은 무엇입니까?

답 아홉 번째 계명은 '네 이웃에 대하여 거짓 증거 하지 말지니라'라고 하신 것입니다.

제77문 아홉 번째 계명은 무엇을 요구합니까?

답 아홉 번째 계명은 진실만을 말하며, 우리와 우리 이웃들의 명예를 지키고 고양시킬 것을 요구하는데, 특히 증언함에 있어서 그러합니다.

제78문 아홉 번째 계명이 금하는 것은 무엇입니까?

답 아홉 번째 계명은 진실에서 멀어지는 것과 우리나 우리 이웃의 명예를 훼손하는 것을 금합니다.

읽어 봅시다
출애굽기 20:1, 2, 16

• 여러분이 했던 가장 심한 거짓말은 무엇이었나요? 또는 가장 깨끗한 거짓말은 무엇이었나요? 그 거짓말의 결과가 어땠고 거짓말을 할 때와 하고 나서 기분은 어땠나요? 서로 한두 가지씩 이야기해 봅시다.

아홉 번째 명령

• 아홉 번째 계명은 어쩌면 지금까지의 계명 가운데 가장 어려운 요구를 우리에게 하고 있는 것으로 보입니다. 하나님을 모욕하거나 부모님께 불효하는 것, 살인이나 음란함, 도둑질은 어떤 때는 노력에 의해서, 그리고 많은 경우 노력이 없이도 피할 수 있는 것들입니다. 그러나 나 자신과 우리 이웃에게 정직하고 진실하라는 명령은 그렇게 쉽지 않습니다. 우리는 시시때때로 거짓말을 합니다. 때로는 나의 이익과 욕구를 위해서 그렇게 하기도 하지만, 또 때로는 선의의 거짓말이라는 명목으로 거짓말을 합니다. 성경은 우리에게 단호하게 거짓말을 하지 말고 정직하며 진실되라고 명령하고 있습니다.

1. 시편 15:1, 2을 읽어 봅시다. 하나님의 장막, 즉 하나님의 나라에 거하는 사람의 특징을 무엇이라고 가르치고 있습니까? 나는 그 가르침에 비추어 볼 때 하나님의 나라에 거하는 사람이라고 할 수 있습니까? 서로 이야기해 봅시다.

2. 다음 구절들을 찾아서 읽어 보고 우리 자신과 이웃의 명예를 지키기 위해 우리가 해야 할 일들이 무엇인지 서로 이야기해 봅시다.

   (1) 로마서 1:8

   (2) 요한삼서 3

   (3) 데살로니가전서 5:13

(4) 베드로전서 2:17

(5) 사무엘상 22:14

(6) 베드로전서 4:8

(7) 마태복음 18:15, 16

아홉 번째 계명의 또다른 가르침

• 아홉 번째 계명은 나 자신과 이웃 앞에서 정직하여야 할 것을 명령하고 있습니다. 그런데 그 명령은 거기까지가 끝이 아닙니다. 거짓 증거하지 말라는 명령은 나아가서 나와 다른 사람의 명예를 지키라는 명령이기도 하며, 또한 우리의 언어 습관과 이웃과의 관계에 대한 가르침이기도 합니다.

1. 소요리문답에서는 다른 사람을 위한 재판과 증언대에서 진실을 말하고 명예를 지키라고 가르칩니다. 오늘날 우리는 재판이나 증인석이 아닌 우리 집의 책상 앞에서 너무나도 쉽게 다른 사람의 명예를 훼손하는 일을 하고 있습니다. 인터넷 악플이 그런 예입니다. 다른 사람의 글이나 인터넷 기사에 악성 댓글을 단 적이 있습니까? 그때 어떤 기분이 들었는지 서로 이야기해 봅시다.

2. 요즘 학교에서는 왕따문제가 더 이상 미룰 수 없는 심각한 문제로 대두되었습니다. 그런데 왕따의 시작이 대부분 한두 마디 말에서 시작된다는 사실을 알고 있습니까? 무심결에 다른 친구에 대해 험담한 것이 돌고 돌아서 그 친구를 왕따시키는 원인이 되기도 합니다. 레위기 19:16, 시편 15:3을 읽어 보고 우리가

어떻게 해야 할지 생각해 봅시다.

3. 성경에서는 이런 일들을 위해 우리가 하지 말아야 할 것들에 대해서 무엇이라
   가르치고 있는지 다음 구절들을 통해 알아봅시다.

   (1) 스가랴 8:17

   (2) 마태복음 7:3

   (3) 고린도후서 12:20

   (4) 시편 15:3, 4

정리해 봅시다

아홉 번째 계명은 자신과 이웃의 (   )를 지키기 위해 (   )을 하
지 말고 (   )하라는 명령입니다.

실천해 봅시다

1. 한 주간 거짓말을 할 일이 생겼을 때 혹시 손해를 보더라도 진실을 말해 봅
   시다.

2. 내가 한 말 때문에 상처 받거나 피해 받은 사람이 있다면 찾아가서 진심으로
   용서를 구해 봅시다.

이웃의 소유를 탐내지 말라

제79문 열 번째 계명은 무엇입니까?

답 열 번째 계명은 '네 이웃의 집을 탐내지 말지니라. 네 이웃의 아내나 그의 남종이나 그의 여종이나 그의 소나 그의 나귀나 무릇 네 이웃의 소유를 탐내지 말지니라'라고 하신 것입니다.

제80문 열 번째 계명은 무엇을 요구합니까?

답 열 번째 계명은 우리의 이웃과 그의 소유를 향해서 의롭고 자비로운 마음을 가지고 우리의 처지에 완전히 만족할 것을 요구합니다.

제81문 열 번째 계명이 금하는 것은 무엇입니까?

답 열 번째 계명은 우리 자신의 소유에 대해서 불만족하고 다른 사람의 성공에 대해서 시기하거나 원통히 여기며 다른 사람들에게 속한 것들을 조금이라도 탐내는 것을 금합니다.

읽어 봅시다
출애굽기 20:1, 2, 17

- 여러분의 인생은 행복합니까? 어떤 때 진심으로 행복을 느끼고 어떤 때 진심으로 불행을 느꼈는지 서로 이야기해 봅시다.

열 번째 명령

- 십계명의 마지막 열 번째 명령을 한마디로 표현하자면 '만족'입니다. 그것은 단순히 다른 사람의 것을 훔치지 않고, 욕심 부리지 않는 소극적인 자세를 넘어 적극적으로 자신의 처지와 환경, 자신이 가진 것에 대해서 만족하라는 것입니다. 이것은 게으르고 나태하면서 그냥 '내가 원래 이래' 하며 만족하라는 말이 아닙니다. 게으른 것은 죄입니다. 만족은 최선을 다해서 하나님의 일을 행하고, 하나님이 주시는 결과물이 충분함을 인정하는 것입니다.

1. 이 땅에서 하나님이 주시는 소유에 대해서 우리는 어떠한 자세를 취해야 하는지 다음 성경의 구절들을 통해 알아봅시다.

   (1) 누가복음 12:15

   (2) 시편 16:5, 6

   (3) 고린도후서 9:7, 8

2. 때로는 열심히 일하고 게으르지 않으나 이 땅에서 필요한 것을 충분히 얻지 못하고 가난한 삶을 살아갈 수도 있습니다. 그럴 때에는 하나님 앞에서 어떻게 만족할 수 있을까요? 다음 성경의 말씀들을 통해 알아봅시다.

   (1) 디모데전서 6:6

   (2) 시편 119:75

   (3) 로마서 8:28

   (4) 야고보서 2:5

3. 성경에서는 우리가 만족할 수 있는 이유를 알려주고 있는데, 그것은 이 땅에서 받는 진정한 복이 무엇인가 하는 것입니다. 시편 73:28을 찾아서 읽고, 그 복이 어떤 것인지, 그것이 왜 진정한 복일 수 있는지 생각해서 서로 이야기해 봅시다.

만족함이 없을 때

- 소요리 81문은 열 번째 계명을 설명하며, 만족하지 못하고, 이웃의 소유를 시기하며 탐욕을 가지는 것을 죄라고 선언하고 있습니다. 불만은 결국은 하나님을 향하는 것입니다. 왜냐하면 우리는 하나님을 만유의 주인으로 인정하고 섬기는 사람들이기 때문입니다. 모든 것의 주인되신 주님께서 나에게 주신 것이 합당치 않다고 여기고 남에게 주신 것이 과하다고 여기기 때문에 불만과 시기가 생기는 것입니다. 탐욕과 불만은 이렇듯 마침내는 하나님을 원망하는 신성모독으로 나아가는 큰 죄입니다.

1. 우리 신앙의 선조들은 하나님이 주신 것에 대해 만족하지 못하는 이유를 다음과 같이 가르쳤습니다. 우리는 어디에 해당하는지, 그것을 어떻게 이길 수 있는지 이야기해 봅시다.
   (1) 하나님의 섭리를 믿지 못하거나 신뢰하지 못함
   (2) 우리 스스로의 교만과 자신에 대한 과대평가
   (3) 자아를 너무 사랑함
   (4) 외적인 것을 꾸미고 남에게 나타내기를 좋아함

2. 성경은 다음과 같은 구절들을 통해서 시기심을 금해야 하는 이유를 제시하고 있습니다. 찾아서 읽어 보고 이것들을 피하기 위해 어떻게 해야 할지 이야기해 봅시다.
   (1) 마태복음 20:15(포도원 주인의 비유 전체)

(2) 요한복음 8:4

(3) 야고보서 3:16

(4) 베드로전서 2:1, 2

3. 빌립보서 4:11~13을 읽고 우리의 인생을 어떤 자세를 가지고 살아야 할지 서로 이야기해 봅시다.

정리해 봅시다

열 번째 계명은 자신의 처지에 (   )하며, 이웃의 소유에 (   )을 품 지 말라고 명령하고 있습니다.

실천해 봅시다

1. 오늘 내 상황에서 만족하지 못할 것들이 무엇이 있는지 살펴보고 리스트를 작 성해 봅시다.

2. 위에 작성한 리스트의 내용을 하루에 하나씩 만족으로 바꿀 수 있도록 구체적 인 방법을 생각하고 노력해 봅시다.

저자 **정요한**

총신대학교 신학과 동대학원 기독교교육학 석사, 프랑스 스트라스부르2대학, 고등연구원에서 수학,
현 프랑스 아미엥 쥘 베른 대학 교육학 박사과정, 총체적복음사역 연구소 연구원, 간사,
대한예수교장로회 엘림교회 중고등부 담당.

삶을 바꾸는 소요리 성경공부 어떻게 살 것인가?

초판1쇄 발행일 | 2014년 11월 28일
초판2쇄 발행일 | 2017년 7월 21일

지은이 | 정요한
펴낸이 | 김학룡
펴낸곳 | 엔크리스토
마케팅 | 이동석, 유영진
관리부 | 신순영, 정재연, 박상진, 김정구

출판등록 | 2004년 12월 8일(제2004-116호)
주 소 | 경기도 고양시 일산동구 장대길 74-10
전 화 | (031) 906-9191   팩 스 | (0505) 365-9191
이메일 | 9191@korea.com
공급처 | 기독교출판유통

ISBN 979-11-5594-014-3 04230
ISBN 979-11-5594-009-9 (세트)